दैत्य और दानव

भयावह दानव भस्मलोचन

शुभा विलास

Om Books International

पाताल लोक में रहने वाले दानव भस्मलोचन के पास विशेष शक्तियाँ थीं। भस्मलोचन जिसे भी देखता, वह उसी क्षण राख में मिल जाता। वह रावण का मित्र भी था।

जब रावण सीता का अपहरण करके ले गया, तो भगवान राम ने अपनी पत्नी को बचाने के लिए लंका पर आक्रमण किया। दोनों शक्तिशाली सेनाओं के बीच भयंकर युद्ध हुआ। रावण का भाई कुंभकर्ण राम के बाणों से मारा गया। रावण अत्यंत क्रोधित था। तभी उसने सेना का नेतृत्व करने और राम के विरुद्ध लड़ने के लिए अपने मित्र भस्मलोचन की सहायता माँगी।

भस्मलोचन तुरंत अपने मित्र रावण की ओर से लड़ने के लिए आगे आया। राम की वानर सेना तब अत्यधिक भ्रमित हो गई जब उन्होंने देखा कि शत्रु पक्ष से केवल एक व्यक्ति उनसे लड़ने के लिए आगे आ रहा है।

यह व्यक्ति प्रतीक्षा कर रही वानर सेना की ओर आत्मविश्वास से चल पड़ा। वह न केवल अकेला था, बल्कि उसकी आँखों पर पट्टी भी बँधी हुई थी! जैसे ही वह व्यक्ति समीप आया, वानरों ने देखा कि उसकी आँखों को ढकने वाली पट्टी चमक रही थी। तभी वानरों को ज्ञात हुआ कि वे भस्मलोचन का सामना कर रहे हैं, वह राक्षस जो अपनी दृष्टि से जला सकता था!

वानर इधर-उधर भागने लगे। इस व्यक्ति के अपनी आँखों से पट्टी हटाने पर कोई भी आसपास नहीं रहना चाहता था। सचमुच एक-दूसरे को रौंदते हुए भयभीत वानर सेना पीछे हटने लगी।

हर किसी के मन में एक ही प्रश्न था। अब क्या करें?
जब भस्मलोचन अपनी आँखों से पट्टी हटाएगा, तो क्या होगा?

जैसे ही भस्मलोचन ने अपनी आँखों से पट्टी हटाई, भयभीत वानरों ने देखा कि उसकी आँखें मध्याह्न के सूर्य के समान चमक रही हैं। उसने जिस भी दिशा में देखा, वहाँ प्रकाश की एक चमक और राख का ढेर था। शीघ्र ही, युद्धक्षेत्र में वानर जलकर राख हो रहे थे।

जब हनुमान ने यह भयानक दृश्य देखा तो वे भागने लगे। सभी को आश्चर्य हुआ, वे क्यों भाग रहे हैं? हनुमान के बिना इस राक्षस से लड़ने की कोई आशा नहीं थी।

अचानक, एक वानर सैनिक चिल्लाया, "देखो! देखो! हनुमान कहाँ पहुँच गये!"

दूर से उन्हें हनुमान रावण के दुर्ग पर चढ़ते हुए दिखाई दे रहे थे। वे अभी-अभी नगर में कूदे थे। यदि वे भाग रहे थे तो शत्रु के शिविर में क्यों भाग रहे थे? वानरों के लिए यह सब एक पहेली थी।

अचानक, वानरों ने अपने नायक को एक हाथ और अपनी पूँछ की सहायता से एक तख्ती को संतुलित करते हुए दुर्ग से बाहर उड़ते देखा। उनका दूसरा हाथ उड़ान का मार्गदर्शन कर रहा था। राम और लक्ष्मण ने एक-दूसरे पर ज्ञानपूर्ण दृष्टि डाली। हनुमान चुपचाप उड़े और भस्मलोचन के ठीक पास जाकर उतरे। चट्टानों, वृक्षों या जलाशयों के पीछे छिपे वानर यह जानने के लिए उत्सुक थे कि हनुमान क्या कर रहे हैं।

हनुमान की पूँछ ने तख्ती को इस प्रकार नीचे कर दिया कि वह भस्मलोचन के ठीक सामने आ गई और उसकी दृष्टि अवरुद्ध हो गई। जैसे ही तख्ती भूमि पर गिरी, एक अति तीव्र विस्फोट हुआ।

हर्षित वानर सेना उछल पड़ी और अपने रक्षक हनुमान की ओर दौड़ने लगी। जो लोग अभी भी नहीं समझ पाए कि वास्तव में क्या हुआ था, वे पीछे मुड़कर देखने लगे कि वह तख्ती क्या थी।

यह एक दर्पण था!

हनुमान ने भस्मलोचन को स्वयं के दर्शन कराये थे। उन्होंने एक भयानक शत्रु को पराजित करने के लिए अपनी बुद्धि का प्रयोग किया था।

भस्मलोचन अब राख का ढेर था।